Le cahier
Méditation et concentration
parent-enfant

Ma p'tite famille

Le cahier Méditation et concentration *parent-enfant*

Gilles Diederichs

Illustré par Nathalie Jomard

FIRST
ÉDITIONS

Sommaire

Introduction

Chers parents,

Ce cahier propose 50 activités de concentration et de méditation à réaliser à deux ! Il est adapté aux enfants à partir de 5 ans, jusqu'à 12 ans. Loin de servir de simple passe-temps ou d'occupation, il permet de développer les facultés d'attention et de concentration, de méditation, une meilleure connaissance des émotions vécues, en utilisant la compréhension et la réactivité des deux participants, enfant et adulte ensemble.

L'apprentissage se fait donc pour l'un comme pour l'autre, car la progression de chaque activité demande que chacun intervienne dans le processus de réalisation ! Ainsi, l'enfant se verra enrichi de l'expérience directe de son aîné, en plus de ce qu'il réalisera de par sa propre initiative ! Pour l'adulte, ce peut être l'occasion d'une révision approfondie de ses propres facultés ou celle d'une découverte complète de la méditation.

Certains de ces courts moments d'attention vous mèneront vers des pratiques proches de la sophrologie, du yoga, etc. En tout cas, chacun de vos sens sera sollicité pour atteindre l'épanouissement attendu.

Le partage de ces expériences se fera sur le mode « complice », car les activités sont simples et ludiques, ce qui fait de ce cahier un ouvrage de loisir et d'apprentissage unique.

Quelques conseils préalables

La méditation est une pratique nouvelle au sein de votre foyer ?

Rappelez-vous ce schéma d'apprentissage de la méditation par un enfant :

1. L'enfant pose son attention.
2. Il apprend à centrer cette attention longuement (concentration).
3. Il élargit sa conscience pour être totalement dans le présent (*mindfulness*).

C'est ce qui va lui permettre progressivement de ne pas se laisser distraire de ce qu'il entreprend, de tenir une même activité durablement, de développer une mémoire à long terme et une plus grande sérénité.

Au quotidien, amusez-vous à utiliser chaque événement pour enraciner cet état d'attention et de concentration, à table, sur le chemin de l'école, avant de dormir...

Préservez toujours l'aspect ludique ; un enfant peut au départ refuser, c'est à vous de vous amuser avec lui : soyez dans l'état d'esprit du débutant, alerte, gourmand de nouveauté, transmettez l'envie !

Vous êtes un peu le garant de ce moment complice, donc lisez bien auparavant l'activité choisie, essayez d'être le plus précis possible, tout en acceptant aussi parfois vos propres difficultés. Gardez l'esprit du débutant, celui qui découvre lui aussi ! Et lancez-vous !

Vous trouverez pour chaque activité des suggestions de prolongement : temps de réflexion à partager ou variantes de l'exercice proposé.

Temps de réflexion et de partage :

Un moment pour mettre en commun tous ses ressentis, très utile dans la complicité parent/enfant et qui vous permet de découvrir vos bouts de chou sous un autre aspect !

Variante

Une manière de prolonger, voire d'orienter, l'activité différemment.

Bien sûr vos propres idées originales seront parfaites !

Avant de débuter, n'oubliez pas de préserver quoi qu'il arrive l'idée de loisir, de bien-être. Ne forcez rien, pas de tension mentale ou émotionnelle, vous êtes ici pour créer de l'espace entre vos pensées, pour permettre à votre respiration d'exprimer sa plénitude, à votre corps de bénéficier de temps de récupération. Vous vous donnez ensemble un moment de respect personnel, de valorisation et tout est bon à prendre – lenteur, joie, lâcher-prise. Amusez-vous et renouvelez souvent l'expérience : plus vous répétez, plus vous ancrez le processus, attention, concentration, méditation...

Partie 1

La méditation au quotidien

Concentré à chaque instant

Pour commencer, rien de tel que de suspendre son flot de pensées pour mieux se concentrer…

5-10 MIN à partir de 5 ans

Il vous faut : un espace silencieux

Chacun est-il bien conscient que l'esprit est parasité pratiquement en permanence par des pensées sans queue ni tête ?

Tout d'abord, on explique bien à l'enfant qu'il faudra remarquer les événements qui vont se dérouler dans l'instant présent, mais surtout ne pas s'appesantir dessus.

Vous êtes assis côte à côte. Vous partagez ce texte à voix haute avec l'enfant :

1. Assieds-toi tranquillement. Tu peux, si tu le veux, fermer les yeux ou garder ton regard posé sur le sol… « Prête attention » à ta respiration, laisse-la être ce qu'elle veut être… Elle peut être ample, douce ; laisse-la se calmer, elle va se réguler toute seule, prends le temps…

2. Maintenant quoi qu'il se passe, tu vas juste le noter dans un coin de ta tête, mais ne pas rester fixé dessus, tu vas laisser apparaître tous les petits événements qui forment ton présent, mais sans t'y attacher, par exemple tu inspires fort d'un coup, note-le mentalement avec ce mot, « respirer », et passe à autre chose… Si ta respiration d'un coup devient calme, note cet événement simplement dans ta tête avec ce mot, « calme », et reviens à ton attention… Fais pareil pour tous les événements qui forment ton présent et que tu produis… Une mèche de cheveux te chatouille ? Note « cheveux » et reviens à ton attention… Ton pied bouge doucement ? Note « pied » et reviens à ton attention…

Tu restes libre de tout, tu ne fais qu'observer… Ressentir… sans rester fixé dessus… Tu as envie de te repositionner ? Note « bouger » et reviens à ton attention de tous les phénomènes que tu vis… Il y en a énormément… Des pensées viennent ? Note « pensées » et reviens à ton attention… Continue ainsi encore quelques minutes, puis étire tes bras, et doucement, parle de ton expérience…

Variantes

Amusez-vous à faire cela n'importe où ensemble, même une minute : plus vous pratiquez, plus votre esprit se clarifie ! Demandez à votre enfant de pratiquer cela à l'école quand il sent qu'il « décroche » du présent.

Loup y es-tu ? Qu'entends-tu ?

S'éloigner du bruit ambiant, s'amuser à savoir si chacun entend la même chose dans le même espace, en prêtant attention à chaque son.

5-10 MIN

à partir de 5 ans

Il vous faut : un endroit où l'on puisse s'asseoir, en intérieur ou en extérieur, pour écouter !

1. Vous choisissez d'écouter le monde des sons, par exemple dans un parc. Positionnez-vous, si vous le pouvez, dos à dos, ou l'un face à l'autre. Posez la règle de départ : on écoutera en trois phases successives de temps égal (3 x 2 minutes par exemple), mais il faudra ne pas parler, simplement écouter. L'un des deux donnera le top de départ et de la fin pour chaque phase d'écoute.

2. Top pour cette première phase : vous portez votre attention et votre écoute sur ce qui vous semble être les sons les plus éloignés de vous, au-delà des cris des enfants, au-delà des voitures au loin, essayez de pousser votre écoute, peut-être un avion dans le ciel, quelqu'un qui découpe du béton très loin… Top de fin ! Vous échangez entre vous sur ce que vous avez entendu…

3. Top pour la deuxième phase : vous écoutez ce qui est plus à proximité (à une vingtaine de mètres), des enfants qui courent, un vélo qui passe… Top fin ! Puis vous échangez entre vous sur ce que vous avez entendu…

4. Top pour la troisième phase : vous écoutez les sons les plus proches de vous, un chien qui vous frôle, le parent qui renifle, vos propres bruits… Top fin ! Puis vous échangez entre vous sur ce que vous avez entendu…

Chacun exprime tous ses ressentis et parle de ce que lui n'a pas entendu. Essayez de faire détailler les sons : sont-ils aigus, sourds, pleins, ondulants… ?

Variantes

Dans la maison, définissez précisément tous les petits sons que l'on trouve inhabituels (en prêtant attention, on peut entendre certains craquements, un robinet qui goutte, les voisins…).

La nature inspire...

Pour développer ensemble son imaginaire, rien de tel qu'un bain de nature comme fil conducteur.

10 MIN à partir de 5 ans

Échangez sur la force et la maîtrise que démontre la nature dans ses réalisations, et comparez avec la vie humaine...

Il vous faut : un bloc-notes, des crayons

Vous allez écrire avec votre enfant une histoire complète qui relate le chemin de vie d'un être humain en le comparant à la pousse d'un végétal. Vous pouvez réaliser cela en plusieurs temps. Vous avez ci-dessous un fil conducteur possible qui facilitera l'écriture des différentes étapes.

Fil conducteur : On commence par présenter un lieu et un héros. Puis vient l'élément déclencheur qui démarre l'action de l'histoire. Vous traversez ensuite les différentes étapes de compréhension de la croissance avec l'aide des alliés. Sans oublier de rencontrer des ennemis, des difficultés qui provoquent combats et progrès quand même. Le combat final apportera les solutions pour évoluer. Pour conclure, on ne manquera ni l'épilogue, ni la sentence.

Bien sûr, inspirez-vous de faits réels que vous avez vécus et aidez-vous aussi d'une comparaison avec ce que vit la nature : selon la saison (difficulté de l'hiver, plénitude de l'été, solitude de l'automne, etc.), selon ses épreuves (le froid, l'homme qui détruit...) et ses espoirs (prise de conscience écologique, moins de pesticides à digérer...), les solutions que chacun crée (la nature fabrique ses antidotes, l'homme échange ses informations pour mieux agir...), et terminez par une note d'espoir et une sentence claire ainsi que des engagements précis !

Utilisez au maximum des comparaisons mais aussi des solutions que la nature vous offre (endurance et espoir, impermanence...).

Variantes

La vie animale dans la nature apporte aussi beaucoup de réflexions possibles et constructives.
Décollez complètement du réel et plongez-vous dans la féerie des gnomes et des elfes...

Posture, équilibre & concentration

Une posture physique d'attention favorise ensuite la concentration...

5 MIN à partir de 5 ans

Échangez sur vos impressions, le besoin de concentration que demande une simple posture, le contrôle conscient du corps par l'attention.

Il vous faut : une tenue souple, un espace d'expression, un fil tendu à l'horizontale sur un mur

Cette activité très simple sert de référence pour adopter une bonne posture, elle oblige l'enfant à bien comprendre l'effort inconscient que les muscles développent pour assurer un bon équilibre.

1. D'abord l'un de vous deux se positionne 70 cm face au mur, le fil tendu à l'horizontale à hauteur des épaules de l'enfant. Le dos est droit, les mains pendent pour l'instant le long du corps. L'autre, positionné derrière, observe comment va réagir le corps de celui qui est devant.

2. Celui qui est face au mur reste d'abord pieds joints, puis écarte l'avant des pieds de 30° environ (pour rester quand même dans une position confortable). Il monte ses paumes comme pour prendre appui sur le fil (à la même hauteur, paumes vers le bas). Maintenant il ferme les yeux et compte jusqu'à 90 (ou vous le faites pour lui). Celui qui tient la position doit se concentrer sur ses ressentis : est-ce que son corps bouge malgré lui afin de rester bien stable ? Est-ce qu'il ressent les efforts demandés ? À 90, il ouvre les yeux et voit si ses mains sont toujours bien posées à hauteur du fil.

3. Ensuite, on refait l'exercice mais cette fois en comptant jusqu'à 20 et en trottant sur place lentement. Le deuxième reste dans son dos pour repérer les mouvements (pieds qui se posent de travers, enfant qui avance ou recule sans s'en apercevoir, genoux qui s'affaissent, paumes des mains qui se décalent du fil).

4. Puis c'est au tour de l'autre.

Variantes

Tendez le fil à la verticale, les mains restent le long du corps, l'équilibre demandé obligera à d'autres types de concentration !

Rituel de détente vers la concentration

Impossible de se concentrer si l'on est préoccupé, énervé, ou excité. Commençons donc par bien nous détendre pour développer notre capacité de concentration.

10 MIN à partir de 5 ans

Les sensations et les humeurs ne sont-elles pas plus agréables à vivre quand on est détendu et concentré ?

Il vous faut : un endroit calme, s'allonger si possible

La relaxation favorise la concentration. Chacun son tour vivra la relaxation lue par l'autre. Il est souhaitable que l'enfant l'ait lue au préalable pour la dire de façon fluide au moment de votre séance. Voici le texte :

1. Respire doucement. Sens tes bras qui deviennent lourds, très lourds… Maintenant, sens tes jambes qui deviennent lourdes, très lourdes… Tout ton corps est lourd, détendu… Imagine un ciel bleu avec des nuages, ils sont parfois grands, parfois petits… Dans ce ciel bleu, il existe un nuage complètement noir… Ce nuage contient tous tes soucis, tes ennuis ou préoccupations du moment… Souffle sur ce nuage… Vois-le disparaître petit à petit, souffle dessus jusqu'à ce que tu ne le vois plus…

2. Vois maintenant un beau soleil, il brille et tu sens ses rayons qui te réchauffent. Tu t'emplis de son énergie !… Tu es bien, détendu… En même temps tu te sens en harmonie, avec une énergie douce qui t'envahit… Tu souris au soleil… Dans ta tête, tu émets une pensée positive personnelle… Tu reprends conscience de ton corps… Tu bouges tes doigts, tes mains… tes pieds… et tu reviens dans le présent.

Variantes

Prenez le temps au cours de la relaxation de vous attarder sur chaque membre du corps afin de le détendre. Enchaînez avec un moment de dessin ou de méditation.

Notez ici vos sensations :

La concentration par le chiffre 8

Tous nos sens sont au service de la relaxation et de la concentration. Apprenons à utiliser la vision et le geste pour mieux nous concentrer...

10 MIN à partir de 7 ans

Il vous faut : des feuilles de dessin, un crayon noir

La vision peut mobiliser jusqu'à 60 % de l'énergie de votre corps. Rappelez-vous ensemble qu'il est important de la reposer pour l'équilibre du corps.

1. Chacun reproduit sur sa feuille ce 8 couché ou signe de l'infini. Ensuite, il va suivre le contour avec ses deux yeux en même temps plusieurs fois dans un sens, puis dans l'autre. Chacun peut s'aider en retraçant par-dessus le contour avec un stylo.

2. Faites de même en incluant le contour du cœur.

3. Continuez de même avec :

8

Variantes

Vous pouvez tout à fait dessiner cela sur de grandes feuilles et les fixer sur un mur pour que l'activité visuelle renforce ensuite le travail d'équilibre entre les hémisphères droit et gauche.
Essayez de changer l'attention visuelle en dessinant avec une couleur jaune, ou verte...

Ouvrez grand les oreilles !

Aiguiser ses sens pour être toujours mieux dans le présent passe aussi par le développement de ses capacités d'écoute...

10 MIN à partir de 5 ans

Il vous faut : si possible en pleine nature, sinon en intérieur en position assise

Si vous ne prêtez pas attention, êtes-vous vraiment conscient de tout ce qui se passe autour de vous ?

Faites bien ensemble la première étape, cela facilitera ensuite l'écoute.

1. Vous êtes assis côte à côte, les mains sur les genoux, et vous respirez tranquillement, le regard posé sur le sol, juste devant vous. Faites cela en silence pendant 3 minutes.

2. Vous portez alors toute votre attention sur tous les sons, proches ou lointains que vous entendez devant vous (donc ignorez ceux qui naissent derrière vous). Dans un deuxième temps, vous vous focalisez particulièrement sur les sons qui paraissent se diffuser au niveau du sol, par exemple, un vent qui balaye des feuilles, le bruit de vos vêtements, d'oiseaux posés plus loin (l'important est de focaliser son attention d'écoute vers le bas), pendant 3 minutes.

3. Vous portez ensuite toute votre attention sur les sons qui paraissent venir d'en haut, de derrière vous (l'important est d'orienter son écoute vers l'arrière et en hauteur).

4. Vous les décrivez ensemble ensuite...

Variantes

Décidez de sectoriser, en écoutant uniquement à droite ou à gauche...

Faites le même exercice mais en marchant, en avant, puis en arrière.

Méditation partagée au cœur d'un paysage

Le but est ici de méditer en imaginant un paysage. Chacun sera amené à apporter des éléments personnels à l'histoire dans le cadre de la méditation proposée.

10 MIN à partir de 5 ans

Chacun évoque les sensations qu'il vit pendant la méditation, ses ressentis, ses facilités ou difficultés à imaginer...

Il vous faut : un endroit calme, une position assise, en intérieur ou en pleine nature

Déroulement : l'histoire peut être écrite avant le début de la méditation (voir instructions).

1. Chacun s'assied et essaye de garder le dos droit pendant toute l'activité. La première fois, prenez le temps d'imaginer chaque élément, sans forcer, par simple évocation. Car cela permet déjà d'apporter calme et concentration. L'imagerie mentale se construira de mieux en mieux grâce à la répétition.

Ici un exemple sur le thème de la plage, commencez par consacrer 1 minute à chaque élément ajouté à la visualisation et choisi par l'un des deux participants. Respectez la progression décrite.

2. Le lieu (le thème) : s'imaginer à la plage.

Les sensations : s'imaginer le corps allongé sur la plage, le sable chaud sous les mains, l'odeur des pins, le son des vagues, des enfants qui jouent au bord de l'eau.

La progression par élément : le ciel est bleu, le soleil luit, des mouettes passent dans le ciel, un bateau blanc arrive au loin, un phare rouge est posé au large sur un rocher, le bruit d'un bateau de pêche se fait entendre...

L'action : chacun se baigne, marche les pieds dans l'eau, mange une glace, construit un château de sable...

La fin : le coucher de soleil arrive, on plie les affaires et on repart la peau gorgée de soleil...

Variantes

Écrivez une progression de méditation sur le quotidien familial : c'est parfois plus facile pour la visualisation, et cela donne des idées d'harmonie familiale à chacun !

La méditation de la compassion

Développer sa compassion, c'est penser aussi aux autres, et on peut le faire en méditant.

5-10 MIN à partir de 5 ans

Il vous faut : une tenue souple, un espace silencieux si possible

Assis à côté de votre enfant, vous lisez le texte lentement, vous prenez le temps pour que chacun puisse tout ressentir. Vous adapterez ensuite lors de prochaines séances.

Comment chacun se sent-il après avoir donné de son amour ?

« Nous sommes assis, le dos droit, les paumes ouvertes vers le ciel et posées sur les genoux… Nous fermons les yeux… Nous laissons le ventre sortir en inspirant, et rentrer quand nous expirons… Nous sommes bien… en paix… pleins d'amour, comme des petits oisillons posés sur une branche, face au soleil… Maintenant nous pensons chacun à une personne, enfant ou adulte, que nous savons être dans la difficulté actuellement ou qui semble avoir besoin de recevoir de l'amour… Nous pensons à elle avec amour, et lui envoyons plein de sentiments affectueux… Nous ressentons qu'elle reçoit bien toutes ses preuves de tendresse… Cet amour la touche, l'apaise, et lui fait du bien… Toute notre attention se porte sur le fait que chaque pensée que nous lui adressons lui fait le plus grand bien, la réconforte… Maintenant tous les deux nous imaginons que nous pouvons serrer dans nos bras cette personne, pour la rassurer, lui dire que nous pensons à elle, qu'elle n'est pas seule… et que cette personne nous sourit… se détend… se sent beaucoup mieux… réconfortée… que son chagrin s'éloigne d'elle… Alors nous revenons à nous… Nous ouvrons les yeux… Nous ressentons le fait que l'on peut aider toutes les personnes qui en ont besoin, que nous avons ce pouvoir de l'amour… »

Variantes

Bien sûr à deux, vous pouvez penser à la même personne.
Orientez votre pensée aussi vers des causes mondiales : écologie, préservation des animaux, etc.

Le déplacement à risque !

Échappons-nous du tumulte quotidien, à la recherche de l'équilibre intérieur qui pourrait bien se renforcer d'un équilibre extérieur...

10 MIN à partir de 5 ans

Il vous faut : deux livres légers, un coussin

Prenez bien conscience que, pour que les choses fonctionnent bien entre les gens, chacun doit être à l'écoute de l'autre, sinon rien ne se réalise totalement.

Voici un petit parcours d'équilibre à réaliser dès que vous sentez la tension monter.

1. Mettez-vous debout, l'un contre l'autre, dos à dos (selon la hauteur possible), les mains de l'un serrant celles de l'autre ; vous aurez positionné auparavant un livre léger sur la tête de chacun. Vous définissez un parcours que vous devez réussir sans vous séparer ni laisser les livres tomber.

2. Puis vous êtes face à face, et cette fois vous placez un coussin entre vos deux torses, et vous devez refaire le même parcours sans vous séparer ni laisser tomber le coussin.

3. L'un est debout, les jambes écartées, un livre sur la tête ; l'autre – à quatre pattes entre les jambes du premier – tient dans chacune de ses mains une jambe. Celui au sol doit emmener au plus vite l'autre vers une ligne d'arrivée, sans que le livre tombe. Ensuite on échange les rôles des participants.

Variantes

Continuez avec l'idée de tout faire au super-ralenti, ce sera beaucoup plus difficile !
Associez une chanson que vous devez chanter ensemble, cela renforcera la concentration à établir.

Le jeu des ombres

Rien de tel que les jeux simples et anciens : projeter ses mains contre un mur pour faire apparaître un lapin ou le loup qui le dévorera, c'est créer un espace d'échanges et de confidences...

10 MIN à partir de 5 ans

Remarquez comme chaque personnage peut permettre de parler de sa propre vie...

Il vous faut : une petite lampe, un endroit ou l'on puisse faire l'obscurité

1. Chacun propose de créer une histoire à partir de personnages créés en ombres chinoises. Vous trouverez sur Internet de nombreux modèles de personnages tels que le chien, l'oiseau, le lapin, le cerf, le cheval, etc.

2. Placez la lampe de façon à créer une découpe d'ombre bien claire.

3. Quand chacun s'est bien entraîné, jouez une histoire ensemble, afin que l'enfant apprenne ainsi à maîtriser les déplacements des personnages, la vitesse, les silences...

Variantes

Créez des décors en découpant des profils d'arbres, de châteaux dans des papiers carton et projetez-les derrière, en fond, avec une autre lampe.

Notez ici vos impressions :

Le jeu du silence et de la statue

1, 2, 3, statue ! Oui, mais encore ? Alternons les phases de discussions et les moments de plein silence en restant fixes, les yeux fermés, chez soi ou en société.

30 MIN à partir de 5 ans

Il vous faut : rien en particulier

1. L'exercice peut durer une demi-heure. Le principe est que chacun, à son tour, va demander le silence à l'autre pendant 1 minute pour commencer (plus tard, vous pourrez passer à 2). Donc parent et enfant entament une discussion et, par exemple, le parent donnant le top, l'enfant se tait pendant 1 minute et fait silence complet ! Il ne bouge pas, ferme les yeux, ne fait pas de gestes, devient fixe comme une statue ! Au bout d'une minute, le parent redonne le top pour reprendre l'échange.

2. Durant cette demi-heure choisie, l'enfant va ensuite donner le top au parent, mais pas nécessairement tout de suite. Auparavant, il aura lui-même réalisé 1 minute de silence ! Donc en attendant, le parent choisit de continuer sa vie, mais il devra s'exécuter quoi qu'il fasse quand le top sera donné !

3. L'activité est reconduite une nouvelle fois, attention de ne pas dépasser les 30 minutes de base.

Que se passe-t-il intérieurement quand on arrête tout ? Les yeux fermés simplifient-ils les choses ou pas ? Est-ce difficile de s'exclure du monde quelques instants en fait ? Chacun peut parler de ce qu'il a perçu de l'autre quand il avait les yeux fermés.

Variantes

Pratiquer cela en étant entouré de gens est assez impressionnant, car on s'isole tout en ayant l'impression d'être observé, donc c'est très intéressant pour prendre du recul sur tout !
Pratiquez aussi à plusieurs. L'un peut être chargé uniquement de donner les tops et d'observer toutes les réactions des participants.

Le miroir de Jacques-a-dit !

Jacques-a-dit a dit… : Amusons-nous ! Regardons-nous ! Imitons-nous !

5-10 MIN à partir de 5 ans

Il vous faut : un espace dégagé pour deux personnes

1. Le principe est simple, vous êtes face à face, les bras le long du corps, assez proches l'un de l'autre pour facilement avancer chacun un pied et les faire se toucher. Chacun va faire scrupuleusement ce qui lui est demandé par l'autre. Par exemple, votre enfant commence, et vous demande de lever le bras droit au-dessus de la tête, vous le faites comme lui le fait aussi.

2. Vous êtes donc tous les deux face à face le bras droit levé au-dessus de la tête. Vous continuez, vous demandez à votre enfant d'incliner la tête vers la droite, vous le faites et lui aussi.

3. Votre enfant vous demande d'avancer le pied droit vers son pied droit, vous le faites et lui aussi, les deux bouts de vos pieds droits se touchent. Vous continuez et demandez que vos deux mains gauches se serrent, vous le faites ensemble…

Il est important de bien observer l'évolution des mouvements pour prolonger le jeu le plus longtemps possible, donc profitez-en à chaque fois pour échanger sur ce principe.

4. Cela peut continuer avec une demande de mettre un genou à terre, puis un deuxième, de s'allonger, imbriqués l'un sur l'autre ; tout est possible ! Le jeu s'arrêtera quand vous serez bloqués au niveau corporel. Pour éviter cela le plus longtemps possible, n'oubliez pas de demander, par exemple, de desserrer les mains, d'abaisser un bras afin de toujours rester libre d'effectuer un mouvement. Faites tout cela en douceur…

Variantes

Vous pouvez commencer au sol, pour vous relever progressivement, ou apprendre à vous déplacer ensemble dans la pièce.

Le petit train de la concentration

Soyez les bienvenu(e)s dans la gare de l'attention ; la locomotive de la concentration n'attend plus que vous…

10 MIN à partir de 5 ans

Sommes-nous en général bien présents à ce que nous faisons ?

Il vous faut : être assis au bord d'une chaise, mais le mieux est d'être allongé

Faites l'exercice ensemble, si possible allongés l'un à côté de l'autre. Vous lirez le texte ci-dessous lentement, en veillant à ce que votre enfant soit bien investi dans l'activité. Pour cela, les points de suspension seront autant d'occasions de laisser un peu temps pour bien ressentir le petit train !

1. Le petit train est sur ton dos, il part du bas de la colonne, tu le sens ?… Il avance très lentement, en montant vertèbre après vertèbre, tu le sens ?…

2. Il passe sur le devant de ton corps, il roule vers ton épaule droite… Il descend le long de ton bras… et va dans la paume de ta main droite… Il remonte le bras, va vers ton bras gauche… Il descend sur tout le bras gauche… et s'arrête dans la paume gauche…

3. Il roule sur un petit pont imaginaire pour arriver au centre de la poitrine, tu le sens ?… Il roule en direction de ton nombril et s'y arrête quelques instants…

4. Il descend vers ta cuisse gauche, la descend, et s'arrête sur ton genou gauche… puis il continue en direction de ton pied gauche, et s'y arrête… Il roule sur un pont imaginaire et rejoint ton autre genou… Il descend en direction de ton pied droit, et s'y arrête, c'est l'arrêt final ! Tchou-tchou, le petit train ne bougera plus…

Variantes

Préparez des schémas plus simples : bas du dos, haut du dos, de face ; passez de la gorge au nombril, puis aux jambes. Ou au contraire ajoutez plus de repères, haut de cuisse, mi-cuisse, genou, tibia, cheville, etc.

Le petit corps devient spirale

Il est parfois difficile d'imposer à son corps de bien réagir ; voici un exercice excellent pour la motricité !

10 MIN à partir de 5 ans

Chacun doit se rendre compte à quel point, finalement, certaines parties du corps ont pris leur indépendance, et ne réagissent plus du tout à ce qu'on leur demande.

Il vous faut : prévoir de la place pour deux !

1. Tout va se réaliser en alliant imaginaire et mouvements physiques. Chacun va se placer face à l'autre afin de « surveiller » que le mouvement progressif est bien fait. Bien sûr, c'est une activité de détente, donc les commentaires resteront bienveillants et cohérents avec une ambiance de loisir…

2. Votre enfant commence, il va d'abord fermer les yeux, commencer à remuer la partie du bas du fessier (le coccyx) et faire évoluer le mouvement vers tout son bassin, qui va aussi tourner en cercle doucement dans un sens puis dans l'autre.

3. Ensuite, il fait tourner la partie de son corps au-dessus de la taille, puis les lombaires, qu'il essaye de bien « détacher du reste du corps », donc sans rien bouger si possible du reste du corps…

4. Après « il détache » le bas des côtes… puis le haut du corps avec les épaules. Il continue en détachant le cou… puis le crâne entier et enfin le sommet du crâne (c'est imaginaire, mais l'enfant va sentir son corps travailler différemment).

5. L'enfant refait les mouvements dans le sens inverse, du sommet du crâne, vers le coccyx. En fait, il crée une spirale avec son corps. Le parent commente, puis c'est son tour…

Variantes

Pour vous aider, vous pouvez imaginer que vous avez un cercle plastique autour du corps, que vous le faites monter très progressivement et redescendre.

Grain par grain, le sablier...

Le mieux pour un enfant qui s'éparpille très vite dans l'excitation, c'est de « casser son rythme », l'obliger à « redescendre » dans son corps, à être tout simplement présent, c'est aussi une manière de l'obliger à poser son attention, puis à se concentrer sur une seule chose à la fois.

5-10 MIN à partir de 5 ans

Parlez du fait qu'en passant au ralenti, on se concentre immédiatement ; c'est cela la concentration : toute l'attention portée sur un seul point dans l'instant présent.

Il vous faut : un sablier ou un chronomètre, des tenues souples

Nous allons développer la concentration en étant bien en phase avec notre corps et les mouvements proposés.

1. Vous avez le chronomètre en main ou le sablier. Présentez cette activité comme un jeu d'expression. D'abord, top départ, pendant 1 minute, l'enfant fait des mouvements (même rapides !) en restant sur place (exemples ci-dessous). Stop ! Et, de nouveau, top départ pour une minute de mouvements au « super-ralenti », toujours en restant sur place... Vous pouvez jouer au mime du cycliste par exemple : 1 minute, il sprinte ; 1 minute, il grimpe une côte très difficile !

2. C'est votre tour ! Ensuite, continuez en permettant d'avancer, mais aussi de reculer. Pourquoi ne pas mimer le sauteur d'obstacles, le crawl dans une piscine, l'important étant de respecter l'alternance, rapide et lent, dans l'enchaînement des mouvements.

Variantes

Faites cela les yeux fermés pour augmenter encore l'attention.
Diffusez une musique relaxante durant l'activité pour faciliter la concentration.

L'enracinement au présent

La méditation nous invite chaque jour à nous inspirer de la nature tout en la respectant. Les arbres ont beaucoup de choses à nous transmettre...

5-10 MIN à partir de 5 ans

Développez l'idée que prendre du temps pour soi, c'est aussi se respecter, se donner un temps d'amour.

Il vous faut : une tenue souple, de l'espace pour bouger

Vous vous mettez tous les deux face à face ; en fait, vous vous observez aussi, car l'effet de miroir aide à voir comment l'autre essaie de garder son équilibre, mais favorise aussi la concentration. Lisez le texte la première fois pour comprendre le déroulement, puis n'hésitez pas à rajouter vos propres mots, vos propres procédés pour bien développer le processus d'ancrage.

1. Ferme simplement tes petits yeux... Ressens bien tes appuis sur le sol... Fais le mouvement très léger de basculement de droite à gauche pour bien étaler le plat de tes deux pieds... puis arrête-toi, et fléchis très légèrement tes deux jambes... Tu ne bouges plus... Tu dois te sentir enraciné comme un arbre... Pour cela, tu imagines que des filaments, des racines partent de dessous tes pieds et vont profondément vers le centre de la Terre...

2. Maintenant, pose ton attention quelques instants sur ta respiration... son rythme... Imagine que, quand tu inspires de l'air, une énergie rouge comme de la lave vient de la Terre, pénètre dans tes pieds, et remplit tout ton corps d'une énergie très forte... Faisons cela quelques instants...

3. Maintenant, quand tu inspires, imagine qu'une énergie blanche venant d'une cascade d'eau tombe doucement sur ta tête et remplit tout ton corps jusqu'aux pieds, et tu te sens frais, bien, en harmonie... Faisons cela quelques instants...

4. Nous restons yeux fermés, et profitons en silence de ce moment de paix...

Variantes

Amplifiez l'effet de méditation en faisant imaginer l'apparition de sons de la nature, d'un paysage complet, d'un chêne ancien, d'une cascade dans une île paradisiaque…

Faites durer l'activité progressivement plus longtemps, cela vous aidera à développer une bonne présence dans l'instant présent…

Puis notez ici vos sensations :

Méditation de la petite feuille et du vent

Le récit est une bonne méthode pour développer notre visualisation mentale. Alors, partons en histoires, « il était une fois... ».

5-10 MIN à partir de 5 ans

Échangez sur l'apaisement qu'apportent l'imagerie mentale, le mouvement, et la respiration.

Il vous faut : un verre solide, une table ou un bureau

Vous êtes assis face à face, un verre est posé sur la table. Il y a un premier meneur qui pose sa main sur le verre. L'autre pose sa main dessus, et accepte de suivre tout ce que fera cette main.

Le but de l'activité est d'inventer une histoire, celle de la petite feuille qui vole au vent, qui monte, descend, tourbillonne... Les étapes sont précisées ci-dessous.

1. Créer l'histoire. Le meneur commence l'histoire, il peut demander par moments de fermer les yeux, ou de les garder ouverts. « La petite feuille est emportée vers la droite, elle avance très très lentement... puis elle est poussée en arrière... en avant... Elle tourbillonne » (le meneur dessine une spirale avec le verre et le fait tourbillonner comme une feuille)...

2. Apporter des repères sonores. C'est le tour du deuxième participant. Cette fois, il doit prolonger l'histoire tout en déplaçant le verre. Il va demander que les yeux soient fermés, et avec son autre main quelquefois taper sur un coin de table pour agrémenter son histoire : « et le lapin frappe à la porte de la vallée... », il tape plus loin sur la table... « et un deuxième lapin prévoit qu'un renard arrive... Il faut partir... » Le deuxième participant continue l'histoire en inventant une suite avec les personnages créés.

3. Créer des mimes. Le meneur demande que l'autre participant mime, par exemple, les personnages de l'histoire. « Et la feuille monte dans le ciel... Elle se change en corbeau qui vient se poser sur la table... Le corbeau chante... », etc.

4. Terminer l'histoire en respirant calmement. « C'est ainsi que la feuille vécut une belle aventure, elle décida de se reposer... », et chacun respire calmement quelques instants...

Variantes

Les mouvements des vagues, de la pluie et l'eau, en général, sont très porteurs pour la créativité et la concentration.

Notez ici vos sensations :

La méditation du petit koala

Dans le règne animal, nous observons des champions de la lenteur. Que se passe-t-il si nous imitons le déplacement du koala ?

5-10 MIN à partir de 5 ans

Remarquez comme un seul geste exécuté demande énormément d'attention et sollicite de nombreux muscles...

Il vous faut : une tenue souple, de l'espace pour bouger

D'abord votre enfant va comprendre en faisant comme vous ; ensuite, il improvisera ! Vous déterminez simplement un point de départ et d'arrivée dans la pièce.

1. Amuse-toi à être comme un petit koala qui a repéré un eucalyptus dont il veut manger les feuilles. Il doit, pour l'atteindre, surtout ne faire aucun bruit, ne pas être détecté par le moindre de ses mouvements par les papillons qui s'en nourrissent aussi !

2. Commence d'abord en posant tes mains sur tes hanches, apaise ta respiration, en soufflant bien lentement et longuement à chaque expiration. Tu fais cela 7 fois.

3. Maintenant, tu vas tout faire, au super-ralenti ! Lève ton pied droit, en prenant bien conscience de ce que cela te demande comme effort. Tu décolles le talon, pose ton attention sur les pointes de pied que tu lèves, ensuite tu avances le pied vers l'avant et pour cela ton genou se plie, ta hanche droite avance aussi. En même temps, ton avant-bras droit part en avant pour entraîner tout le haut de ton corps, tandis que ton coude gauche part vers l'arrière. Quand le pied droit touche le sol, c'est le pied gauche qui se lève, etc.

4. Tu es dans la totale maîtrise de tout mouvement de ton corps. Pour cela, tu n'es concentré que sur ce but : te déplacer dans le silence le plus complet, et maîtriser ton souffle et ton corps.

Variantes

Vous pouvez encourager l'enfant à repartir par moments en marche arrière, sans se retourner.

Ajoutez des obstacles à enjamber.

Méditer à deux

Il est temps de prendre un petit moment, à deux, dans un espace calme et confortable...

5-10 MIN à partir de 5 ans

Se synchroniser sur la respiration de l'autre, n'est-ce pas être à son écoute ?

Il vous faut : un espace suffisant pour se tenir dos à dos

Tout va se passer dans le ressenti, l'important est de mettre l'accent sur la respiration qui doit être douce, et contribuer à apaiser le moment d'activité.

1. Pour commencer, vous êtes tous deux debout, vos deux paumes l'une contre l'autre (ou le plus grand assis) et les yeux fermés. Vous choisissez qui commence, et top : le meneur très doucement fait d'abord bouger ses deux paumes en même temps, traçant des cercles doux par exemple, et l'autre doit suivre, en restant détendu, sans appuyer exagérément pour ne pas perdre le fil ! Puis une paume dans un sens et l'autre dans un sens différent... puis une paume vers l'avant pendant que l'autre va vers l'arrière... puis comme du pédalage en avant et en arrière... et on change de meneur !

2. Vous êtes assis dos à dos et vous vous tenez les mains vers le bas du corps. Le meneur commence à lever les mains de chaque côté du corps, il mime un envol d'oiseau... puis il imite le roulement du vélo... Ensuite, il décide, en donnant le tempo, de lâcher d'un coup les mains de l'autre, de taper dans ses mains, puis de revenir les deux paumes posées contre celles de l'autre... Ensuite il tape de nouveau dans ses deux mains, mais cette fois en tendant ses bras au-dessus de la tête, l'autre fait de même, etc.

3. Terminez mains dans les mains, en respirant tranquillement, les yeux fermés, puis ouverts pour revenir dans le présent.

Variantes

Amusez-vous : l'un chante clairement, afin de faire vibrer tout son corps (en tonalité basse, cela fonctionne très bien !), l'autre guette les réactions de son propre corps en contact (vibrations, chatouillis, chaud ou froid), puis on inverse le chant !

Notez ici vos sensations :

Toucher pour ressentir et s'apaiser

Vous l'avez bien compris : la concentration et la méditation sont en lien étroit avec tous nos sens. Entendre en conscience, voir en détail, se déplacer dans le présent, mais aussi toucher pour ressentir plus profondément.

5-10 MIN à partir de 5 ans

Il vous faut : une balle de tennis, une balle de golf, ou même des billes, tout ce qui sera rond !

Parlez du fait que, grâce au toucher, on revient à soi, dans le présent, et que l'on est beaucoup plus conscient pour agir...

Vous utiliserez des balles ou billes et autres formes rondes en votre possession. L' important est de pouvoir proposer des matières différentes à toucher.

1. Vous vous tenez assis au bord d'une chaise face à votre enfant qui est assis comme vous. Vous positionnez la balle sous votre talon droit, vous la faites plusieurs fois rouler sous toute votre voûte plantaire, vous parlez de ce que vous ressentez : la balle est douce, elle est souple, froide, etc. Puis vous envoyez doucement la balle en la faisant rouler vers le pied gauche de votre enfant. Celui-ci la récupère et, à son tour, la fait rouler plusieurs fois sous toute sa voûte plantaire, en décrivant les sensations... puis il l'envoie vers votre pied gauche. Vous répétez l'exercice, puis envoyez la balle vers son pied droit, il fait de même...

2. Vous recommencez en version moins longue, car vous le ferez les yeux fermés !

3. Vous rapprochez les deux chaises, vous commencez yeux fermés à malaxer une balle ou une bille entre vos deux paumes de main et la décrivez... Vous inventez une histoire : « C'est une balle [de tennis] qui aimait jouer », puis votre enfant prend la balle, la malaxe, dit ce qu'il ressent et ajoute une suite, « c'est une balle [de tennis] qui aime jouer, et qui a envie de soleil », et ainsi de suite jusqu'à ce que l'un des deux se trompe dans le déroulement de l'histoire...

Variantes

Formez des boules de tissu doux, ou utilisez des petits coussins, tout ce qui pourra offrir diverses sensations tactiles : doux, rugueux, sablé...

Bien sûr malaxer des matières, comme l'argile en boule ou la pâte à modeler, permet aussi de se déstresser.

Notez ici vos sensations :

Méditation de récupération

Notre corps porte, comme des messages, des contractions musculaires qu'on néglige trop souvent. Détendons tout cela ensemble.

10 MIN à partir de 5 ans

Il vous faut : un espace où vous pouvez être tous les deux allongés

Chacun exprime le fait que les muscles gardent en eux beaucoup de tonus mal équilibré, qu'il faut apprendre à détendre les muscles pour se sentir en harmonie.

Vous devez simplement bien suivre le processus, donc le comprendre en le lisant tranquillement avant de le pratiquer. Il s'agit de contracter en inspirant une partie du corps, puis de souffler en le relâchant doucement.

1. Commencez par inspirer et souffler ensemble en serrant les mains puis en les desserrant. Faites cela encore 2 fois.

2. Continuez de la même manière en progressant ainsi : les deux bras, puis les muscles du visage, tout le torse, le ventre, les cuisses, les mollets. Étirez les doigts de pied. Terminez par tout le dos.

3. À la fin, restez tous les deux, côte à côte, en inspirant et soufflant tranquillement en silence, profitez du bien-être que vous ressentez.

Variantes

Vous pouvez passer à des mouvements de détente, comme étirer les bras en arrière et les repositionner le long du corps ou abaisser les pointes de pied vers l'avant et les relever, cela plusieurs fois.
Vous pouvez aussi ajouter une méditation sur le ressenti du corps, et en parler aussi après ensemble.

Mes copains, les arbres

Pour développer nos capacités d'attention, pensons à rejoindre Dame Nature : une sortie en pleine nature nous apprend à être en contact direct avec un arbre.

10 MIN — à partir de 5 ans

Il vous faut : une tenue souple, et plus ou moins chaude selon la saison !

1. Vous allez repérer un ou des arbres contre lesquels chacun puisse étendre son dos et pratiquer la relaxation.

2. Une fois sur place, chaque participant se positionne debout, jambes un peu fléchies, le dos directement en contact avec le tronc. L'enfant se présente à l'arbre (nom, prénom) et lui demande s'il peut échanger son énergie avec lui.

3. D'abord, la respiration doit se faire régulière, expliquez-lui qu'il faut inspirer lentement par le nez et expirer en soufflant par le nez ou la bouche longuement pendant une bonne minute. Puis, silence, une nouvelle minute.

4. L'enfant commence par écouter les sons... puis il ne se concentre que sur les odeurs, il cherche à les distinguer une à une... puis avec ses yeux, il détaille ce qui est au plus près de lui ou au plus loin... les différentes couleurs... Il touche avec ses mains le tronc de l'arbre, ressent sa texture... et de nouveau, un peu de silence... Enfin chacun remercie l'arbre, envoie ses pensées d'amour, puis parle avec l'autre de ce qu'il a ressenti...

Échangez sur les ressentis, le côté tactile et câlin, la complicité avec cet être végétal : à quoi peut-il penser quand on est avec lui ?

Variantes

Trouvez un arbre assez large pour que deux personnes puissent s'y adosser et ainsi renforcer leur échange avec lui.
Prolongez l'expérience en parlant mentalement à l'arbre, comme à un confident...

Petit feng shui en famille

Le but de cet exercice est de faire comprendre à votre enfant que décider en toute connaissance de cause de la disposition d'une pièce permet de construire un lieu qui lui plaît, et le sécurise aussi. Pour cela, les règles de base du feng shui sont parfaites.

10 MIN à partir de 5 ans

Peut-être est-ce justement le moment de repenser la disposition des meubles mais aussi d'en changer la couleur ou le design...

Il vous faut : une feuille de dessin, une règle, des crayons de couleur, une boussole

1. D'abord, vous et l'enfant reproduisez sur un dessin les emplacements de chaque objet dans la chambre, mais aussi la porte, les fenêtres. Apprenez à votre enfant à définir le nord dans sa chambre grâce à la boussole, et indiquez sur chaque côté du dessin le nord, l'est, l'ouest, le sud.

2. Feng shui : si possible, le lit doit être placé de sorte que la tête de l'enfant soit au nord. D'autre part, le lit ne peut pas être contre la fenêtre. Donc voyez ce qui peut convenir le mieux.

3. Il faut définir une circulation fluide dans la chambre. Pour cela, pensez à définir par exemple un espace de coucher (lit, table de chevet), un espace de jeux (coffre, livre et petite bibliothèque avec un coussin d'assise), un espace pour le rangement des vêtements, etc. Tout cela doit permettre de circuler tranquillement d'un endroit à l'autre sans se cogner dans quoi que ce soit.

4. Arrondissez les angles : par exemple, le coin d'une commode sera orné d'un napperon rond qui « cassera » la vision de l'angle, de même pour une table ou un bureau...

5. Choisissez un éclairage général si possible au plafond, plus des petites lampes d'appoint qui, allumées seules, créeront une intimité dans chaque « univers » de la chambre.

6. Repensez aussi les couleurs, qui doivent ne pas être trop toniques, genre orange vif, jaune très brillant... mais plus tendres, comme un bleu doux, un blanc qui sera toujours plutôt coquille d'œuf ou ivoire... La couleur apaise ou excite, pensez-y !

7. En feng shui, n'oubliez pas que télévision, wifi et portable ne sont pas les bienvenus dans un espace dédié au sommeil.

Variantes

Il est évident que vous pouvez transférer ces instructions dans toutes les pièces : salon, chambre des parents, salle de jeux… Pensez aussi à ne pas charger les murs de toutes sortes de posters, mais songez comme une belle photo ou un tableau peut représenter comme une fenêtre ouverte sur un ailleurs…

Notez ici vos idées pour les autres pièces de la maison :

Se concentrer grâce à l'imagerie mentale

L'image mentale est un outil précieux pour les petits comme pour les grands. Cette approche sophrologique est parfaite pour sensibiliser votre enfant à ses capacités de concentration. Plus il répétera cette visualisation, plus il se concentrera rapidement.

10 MIN à partir de 5 ans

Il vous faut : une tenue souple, de la place pour s'asseoir, un petit coussin pour chacun

Est-il facile de visualiser ? Sentez-vous comme cela focalise toute votre attention ?

Vous êtes assis côte à côte, vous lisez le texte la première fois, mais vous le faites vivre, en vous investissant avec une voix lente et douce.

1. Nous sommes assis les genoux au sol, le fessier sur les talons (chacun peut glisser un petit coussin entre le fessier et les talons), les paumes de nos deux mains sont posées sur les cuisses. Nous tirons un peu la tête vers le plafond, la colonne se tend mais sans forcer spécialement ; la tête est très légèrement inclinée pour diriger le regard vers le sol, juste devant nous. Nous respirons doucement quelques instants en posant notre attention uniquement sur notre ventre, qui sort quand nous inspirons, qui rentre quand nous soufflons...

2. Maintenant, yeux fermés, nous imaginons simplement que, juste posé là devant nous, au sol commence le bord d'un lac... Nous l'imaginons totalement, il est peut-être large... transparent... bordé de grands arbres... Il est calme... tranquille... Nous imaginons ce lac, et si des pensées arrivent, troublent notre quiétude, nous nous concentrons de nouveau sur ce lac... et les pensées s'en vont... Nous observons l'eau transparente où des poissons se baladent, tout est silencieux... Si nous partons dans des rêveries, nous revenons de suite pour nous concentrer sur le bord du lac... Le vent vient un peu troubler l'eau, nous revenons nous concentrer sur le bord de l'eau... Nous nous sentons bien... en paix... libres comme le lac... puis nous bougeons une main, puis l'autre, et revenons dans le quotidien...

Variantes

Choisissez un paysage agréable pour l'enfant, comme un bon souvenir de vacances, la mer, la montagne...

Ajoutez 3 minutes de méditation en silence après cette activité.

Notez ici vos impressions à la suite de cet exercice :

Le dessin, belle source de concentration

En coloriant, votre enfant et vous-même serez amenés très naturellement à bien fixer votre attention.

10 MIN à partir de 5 ans

Il vous faut : des feuilles de dessin, un compas, une règle, des crayons de couleur, une gomme...

Exprimez tranquillement comment le fait de s'investir dans le dessin permet à l'esprit de se poser et de mieux se concentrer.

Vous allez colorier un mandala. Vous le ferez ensemble, mais de façon différente. Pour cela, commencez par construire votre mandala en cercles.

1. Chaque cercle sera dessiné avec une mine noire que l'on peut effacer. Tracez chacun un premier grand cercle au centre du dessin. Ce sera le bord du mandala. Tracez un cercle plus petit à l'intérieur du grand. Tracez un troisième cercle plus petit encore à l'intérieur et, si vous le pouvez, encore un plus petit. Chacun trace des petits objets dans chaque cercle : étoiles, ballons, arbres...

2. Voici quelques idées pour le coloriage : l'un ne va utiliser que des couleurs chaudes (rouge, orange, jaune), l'autre uniquement des couleurs froides (vert, bleu, violet). L'un commence en partant du plus petit cercle pour aller vers le plus grand cercle, tandis que l'autre commence par le grand cercle et progresse vers le plus petit. Attention, il faut d'abord finir un cercle avant de passer à l'autre et ne pas dépasser dans l'autre cercle !

3. À la fin, chacun gomme juste le tracé de chaque cercle, afin de donner plus d'originalité et d'unité à l'ensemble.

Variantes

Essayez d'ajouter une musique douce pendant l'activité, vous créerez un vrai cocon de travail en commun.

Si le mandala est assez grand, vous pouvez vous amuser à découper des objets dans les magazines et à les coller dans les cercles, afin d'exercer encore plus votre créativité.

Éloge de la lenteur

Se déplacer pour mieux méditer, mais tout en douceur, et en mimant un personnage. Revenir ensuite à soi, à ce qui entoure l'enfant dans le présent…

10 MIN — à partir de 5 ans

Il vous faut : une tenue souple, de la place pour se mouvoir, des livres

Que veut dire pour chacun d'être présent une seule chose à la fois ?

1. Dans un espace délimité, vous répartissez un nombre important de livres sur le sol, ce seront les obstacles de votre parcours.

2. Pendant 5 minutes, chacun s'amuse à être comme un petit éléphanteau qui doit avancer sans renverser quoi que ce soit, il doit passer au-dessus de chaque obstacle sans faire aucun bruit… Silence complet.

3. Chacun devra faire cela les deux poings serrés sur le centre de sa poitrine, en soufflant bien lentement et longuement à chaque expiration. L'accent est mis sur l'assise que prend chaque voûte plantaire qui se pose tranquillement, se déplie entièrement. Tout est dans le ressenti de la posture qui se construit à partir de l'assise des pieds.

4. Vous continuez 5 minutes, cette fois en posant sur la tête un livre qui ne devra pas tomber. Vous le ferez en marche avant, et en marche arrière. Plus vous serez dans le présent, sans pensées continuelles, plus vous serez bien attentifs dans l'action.

Variantes

Accompagnez l'activité de musique, pour apaiser les émotions.

S'écrire une lettre d'amour

Je pense donc je suis ? Je m'aime donc je suis !
Commençons par être bienveillants à notre propre égard.
Cet exercice peut vous y aider.

10 MIN mini — à partir de 7 ans

Pourquoi, trop souvent, tant d'engagements ne sont pas suivis d'effets ?

Il vous faut : du papier, des enveloppes et des timbres

1. Rendez-vous ensemble dans un espace naturel où chacun se sentira bien. Chacun emporte de quoi écrire, une enveloppe timbrée avec sa propre adresse écrite dessus.

2. Une fois tranquilles, prenez du temps simplement pour respirer, profitez de la nature tout autour de vous.

3. Puis chacun se pose et écoute les consignes qui accompagnent l'activité. Il s'agit de répondre par écrit à ces 4 questions : où en suis-je aujourd'hui par rapport à mes souhaits de vie ? Quels sont mes qualités et défauts ? Que dois-je faire pour m'améliorer ? Quels engagements puis-je prendre ce jour pour cela ?

4. Une fois les réponses écrites, chacun glisse sa feuille dans l'enveloppe timbrée et la remet à l'autre. Celui-ci se chargera de la poster, quand il le désirera, dans un jour, un mois... Quand chacun la reçoit, il regarde ce qu'il a écrit (dont les engagements) et voit où il en est aujourd'hui !

Variantes

On peut aller plus loin en prenant un sujet de conflit pour lequel chacun prend un engagement et le note ; cela développe une volonté plus grande, car tout est écrit...

Imaginez que chacun puisse dire aussi des mots positifs, constructifs, totalement désintéressés, comme une preuve d'amour à distance...

Tout est possible !

Débridons notre imagination, poussons la réflexion sur les mots, leur sens, et leurs contraires…

10 MIN à partir de 5 ans

Il vous faut : une feuille de papier, un crayon noir, une montre ou un chrono

Posez les règles avant de commencer :

Par exemple, pendant 2 minutes – chronomètre à l'appui –, il faut trouver le contraire positif ou négatif d'un mot : la joie = la tristesse ; moche = beau…

Puis, pendant 2 minutes, il faut que chacun trouve à son tour des mots qui évoquent la même chose : la neige = poudreuse, skieur… ou encore le football = maillot, crampons…

Puis, pendant 2 minutes, des mots qui riment naturellement, par exemple : douce = rousse, frimousse ; balançoire = boire, accoudoir…

Puis, 2 minutes sur un thème du quotidien, par exemple : faire les courses = baguette ; goûter = tartines au chocolat…

Vous tracez sur la feuille une ligne qui sépare en deux la page. À chaque mot correct, une croix est marquée dans la colonne de celui qui a bien répondu. Le total se fait en fin d'activité, pour le gagnant : une douceur lui est accordée !

Et si chacun en profitait pour réfléchir au fait qu'une pensée positive apporte plus de fruits qu'une pensée négative ? Que parler des courses prédispose à aider à les faire ?…

Variantes

En voiture, pour passer le temps d'une manière constructive, dans une salle d'attente pour tromper l'anxiété, le soir avant de dormir, cette activité est parfaite.

Le fait d'élargir le cercle de jeux à une ou plusieurs personnes apporte beaucoup de richesse aux échanges.

Nous vous proposons ici de réagir à des situations précises que votre enfant crée et subit du même coup, comme le fait d'être facilement irritable, de partir dans des colères, le besoin d'exprimer de la tristesse ou de vivre dans l'excitation et l'agitation. Tout ceci, bien que naturel et participant de la période d'expérimentation des émotions, est préjudiciable à son équilibre de vie. Les méditations proposées ici sont simples et ludiques, voyez cela comme une trousse à outils que vous utilisez soit à titre préventif (car vous fournissez des moyens d'agir avant), soit à titre curatif, quand l'enfant traverse une humeur qu'il gère difficilement.

Partie 2

Méditations ciblées pour les petits accrocs de tous les jours

Voir la vie en rose

Ouh la la… Ça ronchonne, ça râle, ça rechigne. Il est temps de calmer toutes ces émotions négatives.

10 MIN à partir de 5 ans

Il vous faut : rien en particulier

Évoquer ensemble les différences dans ce que chacun juge positif et qui, pour l'autre, ne l'est parfois pas forcément, c'est enrichissant pour bien se connaître.

Déroulement : à pied, en voiture… Au départ, utilisez pour cette activité vos parcours du quotidien : sur le chemin de l'école, en faisant des courses…

1. L'enfant décrit ce qu'il trouve positif sur ce parcours, par exemple : des gens qui sourient, quelqu'un qui aide une personne à traverser…

L'autre participant va, lui aussi, dire ce qu'il a trouvé positif : une belle vitrine appétissante chez le boulanger, un vieux couple qui se tient par la main…

2. L'enfant doit évoquer les faits positifs qu'il a déjà vécus, peut-être des moments joyeux avec le chat, des amitiés naissantes à l'école. L'autre participant fait de même.

3. Doucement l'enfant évoque ce qu'il aimerait voir devenir plus positif dans son quotidien, aussi bien à l'école qu'en famille. L'autre participant fait de même, mais toujours avec bienveillance, sans chercher à devenir accusateur.

Variantes

Faites des petits tests flash n'importe où, du type : 3 minutes de positivité au supermarché, 2 minutes de positivité avant de rentrer à l'école, etc.

Entretenir ses ressources positives

Pour vivre plus sereinement, il ne faut pas forcément attendre les vagues émotionnelles négatives et tenter de les corriger. Il est aussi très utile de cultiver notre monde intérieur pour entretenir une positivité permanente.

5 MIN mini — à partir de 5 ans

Est-ce plus facile de vivre dans des humeurs positives ou dans des humeurs négatives ?

Il vous faut : rien en particulier

1. Il s'agit dans un premier temps de s'astreindre à ne voir que ce qui est positif autour de soi. Pour commencer, vous êtes tous les deux face à face. Chacun va parler positivement de l'autre, « tu es très chouette quand tu fais ceci, cela... ».

2. Chacun choisit volontairement un aspect difficile à comprendre chez l'autre et y accole quand même un aspect positif. Par exemple, votre enfant vous dit : « Je n'aime pas quand tu rentres tard, je ne te vois pas assez... » ; il peut parfaitement ajouter ensuite « mais je comprends aussi que tu travailles beaucoup pour que l'on vive bien... ». Cela ne se fera pas toujours facilement, il faut laisser du temps pour concevoir un aspect positif d'un élément négatif, mais cela peut ensuite changer beaucoup de choses dans les rapports familiaux !

3. Amusez-vous à transformer des phrases négatives en phrases positives, par exemple : « Cette personne est toujours trop bruyante » en « Cette personne a compris comment s'exprimer en faisant du bruit ! » Aidez à développer un sens de l'humour en passant par des humeurs positives.

Variantes

Il est très instructif de faire cela à plusieurs, les versions diffèrent souvent...
Prenez le temps régulièrement d'observer les comportements de chacun, vous apprendrez ainsi beaucoup sur les gens.

Qui suis-je ?

Apprendre à reconnaître les émotions à travers une série de grimaces et de mimes : attention et fous rires garantis !

10 MIN mini

à partir de 5 ans

Il vous faut : un espace devant une glace suffisamment grande pour distinguer un visage ou le corps en entier (au moins jusqu'à la taille)

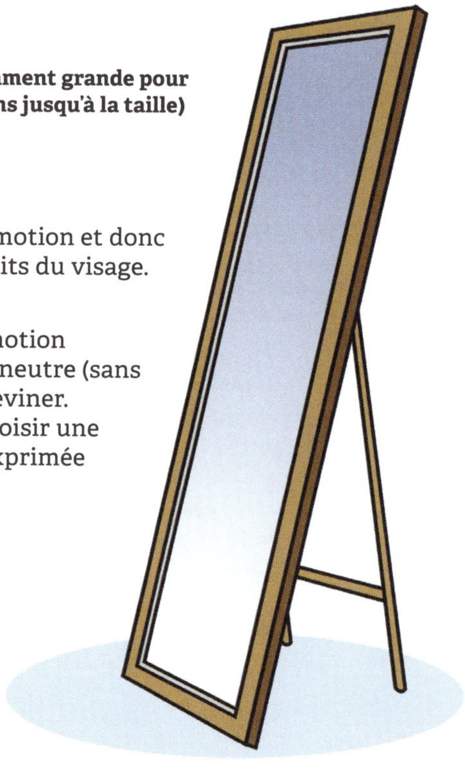

Chacun va à son tour :

1. Proposer un visage correspondant à une émotion et donc mimer cette émotion uniquement avec les traits du visage. L'autre doit deviner.

2. Associer un comportement à une émotion choisie, mais en gardant le visage neutre (sans imitation). L'autre doit aussi deviner. Attention, on a le droit de choisir une autre émotion que celle exprimée en 1.

Chacun évoque toutes les émotions souvent vécues et reconnues chez l'autre au quotidien, en prenant des exemples concrets d'événements...

Variantes

Asseyez-vous en terrasse et observez les consommateurs pour deviner leurs émotions.

Identifiez les émotions des convives à table, en famille ou avec des copains de la famille.

Partager sa douceur avec la nature

Passer de la colère à la douceur... Voilà une transition qu'on aimerait tous pouvoir réaliser rapidement et développer ainsi notre sentiment d'amour.

5 MIN ou plus — à partir de 5 ans

Il vous faut : un chemin de balade

1. Vous choisirez préalablement un chemin de balade facile où vous croiserez arbres, pierres, clairières... Ce sera le chemin antistress familial.

2. Les premiers mètres se font dans un silence total, chacun observe ce qui l'entoure.

3. Arrivés dans un espace accueillant : chacun frappe ses mains une dizaine de fois, puis les frotte l'une contre l'autre. Quand la chaleur naît dans les mains, chaque participant va positionner ses paumes à quelques centimètres d'un tronc, d'un arbuste, d'un minéral, d'un terrier (même vide), d'un passage traversé par des animaux, ou même d'un espace naturel entier... L'important est de vouloir « chérir » la nature, lui donner du mieux-être, c'est l'intensité de l'intention qui va primer. Chacun se dédie au bien-être de la nature, et pense qu'il transmet le meilleur de sa propre énergie, qui peut être composée de force, de douceur, d'harmonie, de volonté d'apaiser toute la vie qui s'exprime...

4. Puis vient un moment de retour, chacun imagine que la nature envoie elle-même de la force dans le corps de chacun. Vous terminez en saluant la nature et en remerciant...

Imaginez ensemble comment la nature fait pour toujours revenir au calme après une tempête...

Variantes

Vous pouvez décider d'évoquer un problème particulier avant de commencer, afin d'approfondir l'activité sur le plan émotionnel.
Il est intéressant d'embarquer toute la famille régulièrement pour construire ensemble des moments familiaux de détente.

Méditation d'apaisement

Dans toutes les familles, on trouve une trousse de secours pour les bobos. La méditation vous offre le secours suivant pour les irruptions émotionnelles.

5 MIN à partir de 5 ans

Est-ce que penser sans cesse permet de mieux profiter de la vie ?

Il vous faut : la possibilité de s'asseoir

L'idée est de pouvoir s'apaiser n'importe où en appliquant une simple méditation de relâchement mental et physique. Donc lisez le texte et pratiquez ensemble.

1. Nous sommes assis tous les deux, et respirons en silence, tranquillement. Nous imaginons qu'avec le sommet du crâne, nous essayons de toucher le ciel... La colonne est bien droite mais non tendue... Les paumes de nos mains sont posées sur les genoux...

2. Nous posons notre regard juste devant nous, vers le sol, sans vraiment fixer, plutôt pour se détendre, sans penser à rien... Nous ne regardons ni sur le côté, ni derrière nous, nous ne bougeons pas la tête, et respirons calmement, tout simplement... Puis, petit à petit, nous posons notre attention sur tout ce qui se passe dans notre corps... Si nous sentons une jambe un peu tendue, quand nous soufflons, nous envoyons mentalement ce souffle sur la tension, et elle disparaît... Observons et faisons pareil pour tout notre corps... à notre vitesse... Notre ventre gargouille ? Laissons-le faire, il se détend lui aussi... Autour de nous, il y a des sons... laissons-les vivre, ils sont libres... Dès que nous sentons que nos pensées gambadent, nous revenons à notre respiration, qui est calme, apaisée... Apprenons simplement à ne pas nous laisser totalement distraire de ce que nous vivons, pendant quelques minutes... encore... puis frottons nos deux paumes, et avec la chaleur créée, massons nos cuisses, restons ainsi quelques instants à profiter, en silence...

Variantes

Passez tranquillement à chaque séance de 5 à 6 minutes, puis 7 minutes en accentuant chaque phase de ressenti.
À l'inverse, vous pouvez faire une méditation de 3 minutes afin d'assurer une détente rapide, aussi bien à l'école qu'avant de dormir.

Une nuit sans cauchemar

Créez un « attrapeur de rêves » amérindien, ainsi la force des cauchemars sera réduite par la puissance positive du dreamcatcher. Les plumes représentent traditionnellement la protection apportée par les esprits de l'air !

10 MIN à partir de 5 ans

Mais d'où viennent les cauchemars ? Et si ceux-ci étaient le symbole de peurs personnelles, il vaudrait mieux en parler !

Il vous faut : une assiette de carton, de la ficelle, des perles à collier, des plumes, des gommettes, des ciseaux, un poinçon, du ruban adhésif

Chacun à son tour réalise l'opération qui est décrite ci-dessous. Vous devez être dans un état d'esprit positif afin d'apporter une énergie de protection à ce *dreamcatcher* !

1. Découpez tout le centre de l'assiette de carton. Avec le poinçon, percez neuf trous tout autour de l'assiette. Faites passer la ficelle dans chaque trou, et faites un nœud à l'arrière.

2. Décorez avec les autocollants. Percez avec le poinçon trois trous supplémentaires et alignés au bas de l'assiette.

3. Coupez trois bouts de ficelle de même longueur, collez avec un ruban adhésif une plume sur chacun d'eux et enfilez les perles pour camoufler le ruban adhésif. Collez un ruban adhésif sur chacune des ficelles pour aider l'enfant à passer les perles à collier. Ensuite attachez les trois ficelles à l'assiette, par les trois trous du bas.

4. Suspendez le tout au-dessus du centre du lit.

Variantes

Associez des éléments sonores qui peuvent s'entrechoquer : billes de verre, morceaux de bois, et positionnez l'ensemble de manière que le vent puisse faire s'entrechoquer les éléments.
Ajoutez des photos de copains, de héros, afin de renforcer la protection de l'ensemble, ou de protéger ces mêmes personnes !

Mère nature nous dorlote

Cette méditation est utile pour se détacher d'émotions perturbantes. Elle nous apprend à utiliser la nature pour alléger d'anciens souvenirs, ou encore des blocages.

5 MIN mini — à partir de 5 ans

Il vous faut : une tenue d'extérieur

Parlez du fait qu'il ne faut jamais laisser une situation « pourrir », et surtout se prolonger...

1. Avant de partir en balade, parlez d'une situation difficile que chacun vit dans la famille, elle peut être un sujet du présent, ou être nichée dans le passé en représentant toujours un problème aujourd'hui. Faites cela avec douceur, sans jugement, chacun évoquera un fait et sera écouté respectueusement. Puis partez en balade : privilégiez des endroits où vous pourrez profiter de pauses pour observer, échanger entre vous sur ce thème.

2. Quand vous sentirez un espace accueillant, vous vous assiérez, l'important étant de garder le dos droit, de poser les mains sur les genoux et d'être l'un à côté de l'autre. Vous posez une main dans celle de l'enfant. Et là, pendant quelques instants, vous respirez ensemble, doucement, soit en gardant les yeux fermés, soit en laissant le regard se promener sur la nature, mais en silence.

3. Vous repartez ensemble, vous arrêtez de nouveau et suggérez l'un et l'autre des solutions afin que la situation évoquée évolue favorablement pour tous. Puis vous renouvelez cette méditation ensemble un peu plus loin, quand vous en sentez le besoin.

4. Vous vous remerciez mutuellement de prendre soin l'un de l'autre et rentrez tranquillement.

Variantes

Bien sûr vous pouvez le faire chez vous, en ne gardant que les principes : évocation du problème, méditation, solution à appliquer...
Adaptez aussi cela en utilisant le dessin, quitte à remplacer le moment de méditation par l'expression dessinée.

Les mauvaises choses s'envolent

Au revoir, tristesse ! Laisse-moi regarder le soleil, écouter le vent et vivre en harmonie avec les miens.

10 MIN à partir de 5 ans

Il vous faut : un espace tranquille et silencieux si possible

Développez l'idée que le plus grand bien viendra quand l'enfant s'habituera à accepter ses tristesses et à les évacuer avec tendresse.

1. Votre enfant doit être à l'aise, dans le sens où il s'investit sans se mettre aucune pression, vous vous positionnez à côté de lui. Faites comprendre à l'enfant qu'il va pouvoir déposer ses tristesses dans un grand panier et les faire s'envoler, donc les quitter. Il doit suivre vos indications.

2. D'abord l'enfant va respirer quelques instants en toute tranquillité, pour revenir au calme. Il est bien qu'il ferme les yeux, mais vous ne devez pas le forcer.

3. Il imagine un grand panier en osier devant lui, aidez-le à le détailler, à préciser ce qu'il visualise ou imagine (cela aidera à mieux créer une image).

4. Il dépose ses tristesses dans le panier (il peut en parler, mais ne le forcez pas). Puis il souffle dessus pour faire s'envoler ses tristesses au beau milieu du ciel et elles disparaissent... De même, aidez votre enfant à détailler cela.

5. Vous respirez calmement avec votre enfant afin qu'il apprécie ce moment de complicité et qu'il récupère.

Variantes

Vous pouvez faire l'exercice avec votre enfant afin qu'il comprenne la nécessité de bien s'investir.

Vous pouvez remplacer le panier par une montgolfière, un bateau qui s'éloigne, une soucoupe volante... Adaptez...

Le jeu des petites poubelles

Nous recyclons quotidiennement nos déchets dans différentes poubelles… Transposons le dispositif sur nos pensées négatives.

5-10 MIN | à partir de 5 ans

Il vous faut : des feuilles de journaux ou magazines, quelques poubelles ou récipients pouvant recevoir des boules de papier, un peu d'espace afin de marcher tranquillement

Insistez sur le fait qu'il faut agir au moment où le stress commence, ne pas attendre d'être franchement hors de soi pour agir, donc prévenir plutôt que guérir !

1. Disposez différentes poubelles séparées de quelques mètres (prévoyez un petit parcours !).

2. D'abord chacun se retrouve face à l'autre, et respire tranquillement. Pour cela, il inspire de l'air par le nez et compte dans sa tête – 1, 2 – puis garde l'air dans ses poumons pleins en comptant 1, puis souffle en comptant 1, 2, 3 et reste poumons vides le temps de 1, et recommence cela au moins 3 fois. L'important est de compter avec son propre tempo ; pour certains, les temps seront rapides, pour d'autres plus courts, chacun doit suivre sa capacité respiratoire.

3. Chacun prend dans ses mains des feuilles de papier et les malaxe lentement, pour en faire une boule. Chacun dans sa tête pense à une situation énervante, une colère qu'il ressent. Plus vous malaxez, plus vous avez le sentiment réel que toute l'énergie du stress, l'énervement, l'idée de violence se transmet dans le papier, vous pouvez verbaliser tout cela.

4. Ensuite, vous vous rapprochez de la première poubelle, vous respirez comme expliqué en phase 2 et vous jetez dans la poubelle votre boule de papier, et vous sentez que la situation s'est apaisée. Les autres poubelles vont vous aider soit à continuer, car vous vous sentez encore perturbés, soit à prendre d'autres événements délicats qu'il vous faut aussi évacuer !

Variantes

Pour calmer encore mieux l'énervement, vous pouvez déchirer chaque feuille en très petits morceaux...
L'enfant peut représenter symboliquement sur une feuille de dessin sa colère, la froisser, la déchirer et ainsi mieux personnaliser son stress...

Notez ici vos sensations :

Le chat, le chien, le cobra se concentrent !

Pour progresser en méditation, on peut s'appuyer sur des pratiques proches, notamment le yoga. Découvrez ici le yoga ensemble, à l'aide de trois postures qui aident à se concentrer et à s'apaiser.

10 MIN à partir de 5 ans

Faites bien prendre conscience de l'importance de la respiration pour agir sur ses émotions et ainsi retrouver le calme.

Il vous faut : si possible un tapis de sol pour chacun, une tenue souple

Suivez les instructions ci-dessous, prenez le temps de bien faire l'ensemble de ces trois postures appelées posture du chien, posture du chat, et posture du cobra. L'important est d'être bien présent en faisant les mouvements et respirations appropriés, sans forcer.

Pour la posture du chien, inspirez et laissez le ventre descendre vers le sol en creusant le dos. Ouvrez la poitrine et reculez les épaules vers l'arrière.

Pour la posture du chat, expirez et arrondissez le dos. Poussez le dos vers le plafond et amenez le nombril en direction de la colonne vertébrale.

Respirez profondément en passant d'une position à l'autre et refaites cela 3 fois.

Pour la posture du cobra, inspirez en prenant appui sur les paumes, soulevez le torse puis la tête, soufflez en ramenant le buste vers le sol. Recommencez encore 3 fois.

Variantes

Il est intéressant de prendre le temps de se reposer en position allongée sur le dos, bras et jambes un peu écartés, afin de bien ressentir comme le corps s'est relâché.
Allongés sur le dos, chantonnez ensemble une chanson que vous appréciez, renforcez la complicité.

La tristesse s'éloigne et le soleil pointe

Par une simple méthode de sophrologie, on peut aider à faire passer la tristesse...

10 MIN — à partir de 5 ans

Il vous faut : un endroit calme, position assise

Chacun est assis face à l'autre, il est important de bien créer les émotions liées aux propositions de visualisation.

1. Pendant 1 minute, vous inspirez par le nez doucement, et vous soufflez longuement lèvres pincées, l'expiration doit être plus longue que l'inspiration.
2. Il est demandé d'imaginer que la pluie tombe, si possible les yeux fermés ; s'il y a de la colère en plus de la tristesse, vous pouvez en arrière-plan de votre écran mental imaginer le tonnerre, l'orage noir qui avance, la pluie qui se renforce.
3. Parlez à votre enfant de l'eau qui fait du bruit, du sol détrempé...
4. Maintenant chacun doit ressentir un soleil qui chauffe au milieu de la poitrine (ou si vous préférez, un soleil venant de tout le corps).
5. Ce soleil peu à peu remplace la pluie qui finit de tomber.
6. Il n'y a que le soleil partout ; le corps se réchauffe ; les oiseaux reprennent leur chant, et vous vous sentez en paix et joyeux.

Faites le parallèle avec les paysages pluvieux puis ensoleillés, en expliquant que ces deux états de la nature existent aussi chez l'homme, mais que l'homme a le pouvoir de changer mentalement la pluie en soleil !

Variantes

Continuez la visualisation en ajoutant des éléments qui détendent : un paysage de vacances apprécié, des activités douces comme se balader avec un bon copain !

La bulle emporte toutes les peurs !

Ah... les longues soirées passées à tenter de rassurer et endormir les chérubins terrorisés par l'ogre, le loup, le vide ou que sais-je encore. Vous aider à faciliter l'endormissement faisait partie de nos missions prioritaires !

10 MIN à partir de 5 ans

Il vous faut : une ambiance feutrée, de la place pour s'exprimer

Faites cet exercice au moment du coucher, en insistant sur l'idée qu'il est important de s'alléger de ses craintes pour s'apaiser mentalement et physiquement.

Avant l'heure du sommeil, réalisez ensemble un petit jeu doux de sophrologie afin d'aider votre enfant à se défaire de ses peurs ou de ses anxiétés face à l'endormissement.

Proposez à votre enfant de suivre exactement ce que vous réalisez face à lui.

1. Vous vous positionnez à genoux, et posez les fesses sur les talons, les paumes étant placées sur le ventre. Vous imaginez que vous êtes chacun une jolie bulle de savon et que vous désirez vous envoler. Pour s'aider, chacun respire doucement en dessinant des cercles avec ses mains sur son ventre afin de le réchauffer. Prenez le temps de ressentir la détente que cela provoque.

2. Vous décollez les fesses des talons et montez les paumes jusqu'au plexus solaire, vous frottez les paumes l'une contre l'autre, puis vous les déposez toutes chaudes sur le plexus, qui va aussi se détendre. Là, chacun commence à se sentir plus léger. La bulle s'élève !

3. Vous passez tous les deux en position debout, et vous frottez avec vos paumes toute la poitrine : le haut du corps se détend...

4. Maintenant, chacun ferme ses yeux, respire calmement, et s'imagine en train de voler au gré d'un petit vent léger, et se sent léger, sans crainte, prêt à s'endormir. Quand vous le décidez, vous ouvrez les yeux, et couchez votre enfant, avec un gros câlin en prime.

Variantes

Ajoutez des gestes à chaque étape pour renforcer l'effet relaxant, par exemple : avant de passer à chaque point de la progression, chauffez les mains, posez-les sur les yeux et restez silencieux ainsi 1 minute.
Dès que la bulle s'élève, chacun peut évoquer une peur, puis décider de la laisser emporter par le vent hors de la bulle, et disparaître.

Comment vous sentez-vous à la suite de cet exercice ? Notez ici vos impressions :

La chasse aux peurs

Les enfants ressentent mille et une peurs, parfois inimaginables pour nous. Les parents ont un rôle important d'apaisement et – bonne nouvelle ! – ils peuvent s'appuyer sur la méditation !

5 MIN à partir de 5 ans

Profitez du calme pour parler de l'origine de ses peurs ou anxiétés.

Il vous faut : juste de la place pour s'exprimer

Proposez cela comme un mime en plusieurs petites scènes, faites-le en même temps en surveillant la bonne exécution des mouvements :

1. « C'est l'histoire d'un gorille argenté qui veut prouver sa force ! » Et chacun avance face à l'autre en faisant des tout petits pas, tout en tapant avec ses poings sur le centre de sa poitrine.

2. « Le grand singe argenté décide de jeter par la fenêtre toutes ses peurs ! » Chacun écarte les bras en inspirant, vient poser ses deux poings sur le centre de la poitrine, souffle en écartant les bras de nouveau. Vous faites cela encore 2 fois, puis au moment de la dernière expiration, chacun souffle d'un coup en projetant ses mains en avant comme s'il fallait décoller des papiers de bonbon de ses doigts, tout en pliant le buste !

3. « Enfin le gorille est plus calme, du coup la faim arrive ! » Chacun masse son ventre en faisant tourner ses paumes de main sur tout le ventre dans le sens des aiguilles d'une montre pendant quelques instants.

4. « Et le gorille se retrouve avec plein de pensées d'amour et calme ! » Chacun ferme les yeux, inspire et souffle lentement, tout en développant des pensées d'amour pour l'autre !

Variantes

Vous pouvez aller plus loin en demandant d'exprimer les émotions avec des sons choisis à l'avance, comme les voyelles A.O.U.I.E.Y. Rajoutez un moment de silence complet à la fin, yeux fermés...

L'engagement au quotidien !

Le tumulte du quotidien nous amène parfois à négliger la qualité de la communication au sein de la famille. Aidons chacun à porter plus d'attention à l'autre au jour le jour.

10 MIN à partir de 7 ans

Il vous faut : un crayon, un grand bloc-notes

Tracez un trait vertical au centre de la première feuille. Chacun a donc une moitié de feuille pour s'exprimer. Établissez un programme journalier sur une semaine.

1. Dans le but d'être plus ouvert à l'autre, chacun prend un engagement très simple par rapport à l'autre, par exemple : lui sourire 3 fois par jour.
2. Chacun écrit un engagement afin que certaines situations conflictuelles changent, par exemple : aider au ménage, ranger ses chaussures, etc.
3. Chacun s'engage à prendre des nouvelles d'une personne éloignée.
4. Chacun écrit une action qui rendra l'autre heureux sans demander aucun retour (lui préparer son gâteau favori, regarder une série qu'il apprécie avec lui, partager son sport...).
5. Une autre feuille peut être prévue à la suite pour lister des idées qui demanderont plus d'investissement et donc plus de temps.

Échangez sur le fait que chaque acte a ses conséquences, qu'il est donc possible de faire évoluer les rapports familiaux.

Variantes

La meilleure variante possible est que le reste de la famille s'inscrive dans cette même démarche !

J'expulse ma colère...

Nous vous avons promis des astuces, en voici plusieurs très efficaces à glisser dans votre trousse de secours des petites techniques antistress rapides !

5 MIN à partir de 5 ans

Qu'est-ce qui crée cette colère ? Et comment l'apaiser avant qu'elle n'explose ?

Il vous faut : une tenue souple, un peu de place, des vieux journaux

Déroulement : choisissez de faire en même temps que votre enfant ces activités, une peut suffire !

1. **Le lancer de colère**

Tous les deux, vous créez une grosse boule de papier à partir de journaux usagés. Vous précisez bien que vous y mettez toute votre colère, de toutes les manières possibles. Puis, en même temps, chacun la lance le plus loin possible. Refaites cela plusieurs fois. Vous convenez à la fin que vous vous êtes débarrassés de la colère, l'enfant doit sentir la colère partie de lui.

2. **La boxe et la colère**

Chacun debout les paumes ouvertes face à face. Vous imaginez qu'entre les deux, il y a la colère. Chacun frappe très fort plusieurs fois ses deux paumes, en exprimant par le cri ou la parole le fait qu'il écrase sa colère.

3. **La douceur et la colère**

L'enfant pose ses mains sur son visage et observe les tensions qui existent au niveau musculaire, dues à la colère. Puis il frotte ses deux paumes et appose la chaleur sur toute sa tête afin de se détendre.

4. **Souffler sur la colère**

L'enfant debout, bras contre le corps, inspire profondément et souffle du haut vers le bas en imaginant que la colère s'enfuit par le sol à travers ses pieds. En inspirant, il imagine ensuite qu'une eau fraîche l'entoure et le calme (comme s'il entrait dans une piscine).

Variantes

Courir sur place, accélérer, ralentir, plusieurs fois.

Connaître la nature les yeux fermés

Notre société est rationnelle et ne nous encourage pas à développer et suivre nos sensations. Pourtant, on gagne de la confiance en soi en apprenant à ressentir, sans réfléchir, sans penser.

10 MIN à partir de 5 ans

Il vous faut : une tenue d'extérieur, un bandeau pour cacher les yeux

1. Il faut connaître un espace naturel avec assez de place pour se déplacer les yeux bandés sans tomber dans un trou ou se cogner à chaque arbre ! De plus, cet endroit doit proposer de tout : arbres, fleurs, sons bien présents (feuilles au sol, vent régulier...), etc. Plus le lieu est riche, mieux c'est pour la découverte !

2. D'abord votre enfant va porter le bandeau, vous allez le guider en lui laissant le temps de découvrir. L'enfant va se déplacer, vous veillez sur lui, il va devoir toucher les éléments de la nature, il doit parler de ce qu'il sent, entend. Par exemple, il essaye de deviner d'où vient un chant d'oiseau ou un son, à quelle distance se trouve un arbre, il se demande s'il y a de l'eau proche, car l'air est plus humide à un certain endroit, etc. Il verbalise tous ses ressentis. À un moment et en accord avec lui, vous décidez de le faire avancer de 20 mètres en le guidant par la main, et il recommence.

3. C'est votre tour, tout d'abord quelques minutes près de ce qui vous entoure, et ensuite plus loin, là où il vous faudra de nouveau tout découvrir.

Évoquez toute l'attention que demande ce simple acte de ressentir.

Variantes

Choisissez aussi des endroits qui demandent un grand ressenti pour se frayer un chemin, comme une forêt très dense, un terrain très accidenté.
Décidez ensemble que le guide peut totalement faire le silence pendant 5 minutes.

Ça va, ça ne va pas…

On ne le dira jamais assez : le dialogue est au cœur de l'harmonie individuelle et familiale. Alors il faut apprendre à exprimer et apaiser les émotions perturbatrices afin de mieux les comprendre, en prenant conscience qu'enfants ou adultes ont chacun des problèmes à régler.

10-30 MIN de 5 à 10 ans

Exprimez bien le fait que la vie propose des expériences agréables ou désagréables, que rien ne dure : l'important est que chacun choisisse volontairement de rester positif et d'avancer !

Il vous faut : des feuilles à dessin, des crayons de couleur

1. Quatre feuilles à dessin sont posées face aux deux joueurs. Chacun va en prendre deux et les séparer en deux par un trait vertical central. Dans la partie gauche en haut, est dessiné un nuage tout noir. Dans la partie droite en haut de la feuille est dessiné un soleil. Une fois préparée, une première feuille est utilisée pour deux.

2. L'enfant commence en représentant à gauche, sous forme d'un petit nuage sombre, un souci qu'il vit (en fait son nuage du jour !). Il évoque ce problème et parle de la manière dont il voudrait qu'il évolue. Pour cela, il s'aide de la partie droite du dessin et, tout en dessinant sa propre représentation du soleil, il décrit par les mots la manière dont il pourrait agir afin que la situation évolue positivement. L'adulte peut doucement l'aider un peu, tout en laissant l'enfant apporter ses propres idées.

3. Si la solution ou l'évolution paraît favorable à l'enfant, il dessine sous forme de traits le vent qui reliera alors l'événement nuage à son évolution soleil ! Le vent a donc chassé le nuage et laissé apparaître le soleil.

4. C'est au tour ensuite de l'adulte, à la fois d'exprimer son nuage du jour, de révéler son soleil et d'écouter son enfant s'il pose des questions ou apporte ses idées… Pour finir, il relie nuage et soleil avec le vent…

5. L'activité continue si d'autres faits ont besoin d'être éclaircis et apaisés…

Variantes

Il est parfois beaucoup plus simple de découper et coller des images, surtout dans le cas d'événements traumatiques (par exemple, utiliser une image de guerre pour exprimer une violence vécue...), sans forcer nécessairement les mots à venir : pour certains enfants, cela peut être difficile.
Intégrez la respiration progressivement comme une technique pour mieux s'exprimer : j'inspire doucement, et je souffle plus longuement que le temps d'inspiration, afin d'obliger le mental à se poser...

Notez ici vos impressions à la suite de cet exercice :

Gym du calme

Rangez les ustensiles, la poutre et les agrès et renouez un contact en vivant un temps de loisir tactile et amusant. Cela facilitera aussi la concentration de chacun.

5-10 MIN — à partir de 5 ans

Remarquez que tout cela est réalisable si chacun se cale sur le rythme de l'autre en restant dans l'écoute de l'autre et de ses réactions. Chacun a donc besoin de l'autre pour que tout fonctionne bien !

Il vous faut : simplement un peu d'espace pour deux personnes

Les deux participants sont assis, face à face : pour l'un le coude droit posé sur la table, la main vers le plafond, doigts bien écartés ; pour l'autre, la main gauche, doigts pointés vers le plafond. L'activité doit se passer les yeux dans les yeux. La première fois, vous prenez du temps pour réaliser l'ensemble des mouvements demandés, surtout afin de bien les mémoriser, puis à chaque fois que vous les reprendrez, vous irez un petit peu plus vite !

1. D'abord bien distinctement, le bout de chaque petit doigt se rencontre. Puis chaque bout d'annulaire, etc., jusqu'au gros pouce. Les deux mains restent doigts soudés.

2. Maintenant c'est au tour des bouts des doigts de la main droite restée disponible chez l'un de rencontrer les bouts des doigts de la main gauche restée disponible chez l'autre. Cela va demander à chacun de croiser ses avant-bras ! Une fois cela fait, tout en restant les bouts des doigts soudés, chacun dit à l'autre : « Bonjour, comment vas-tu ? »

3. Puis les doigts se défont et immédiatement les coudes droits se touchent puis les coudes gauches, chacun dit : « Très bien merci ! » Recommencez le mouvement des coudes droits et gauches au moins 3 fois de suite.

4. Enfin la paume droite de l'un va toucher la paume gauche de l'autre et inversement, puis, 3 fois de suite, les deux paumes de l'un tapent contre les deux paumes de l'autre et chacun dit : « Tout va bien ! »

5. Et ça redémarre pour un ensemble complet un peu plus rapide, puis un autre encore plus rapide !

Variantes

Décidez d'un top pour passer en pleine exécution de normal à rapide ou très lent pendant quelques instants. Vous pouvez aussi inclure une nouvelle étape en faisant se toucher les dos de chaque main.

Notez ici vos impressions :

La carte préventive de mes colères

Ne gommons pas les colères, cherchons plutôt à savoir d'où elles proviennent.

10 MIN à partir de 5 ans

Évoquez l'adage : « Mieux vaut prévenir que guérir ! »

Il vous faut : des feuilles de dessin, des crayons de couleur

1. Chacun sur une feuille, vous reproduisez le schéma ci-contre. Vous reproduisez aussi ce dessin sur une autre feuille pour l'étape 3. Puis, dans la bulle du centre, vous écrivez le mot « colère », ou vous pouvez le symboliser par une tache sombre qui représente la dernière colère que vous avez éprouvée.

2. Dans chaque bulle tout autour, chacun inscrit sur sa feuille ou représente les raisons qui ont provoqué cette colère, en essayant d'aller au plus loin de ses origines ; donc n'hésitez pas à créer d'autres bulles en plus pour noter encore d'autres raisons possibles.

3. Cette fois, commencez en ciblant directement un événement contrariant (« Depuis trop longtemps, mon frère m'énerve », « Tu ne ranges jamais quoi que ce soit », etc.). Vous agissez comme auparavant en développant ce qui, à partir de cette action écrite au centre, va inévitablement s'ensuivre.

4. Vous parlez des manières de « désamorcer » ce conflit à venir.

Variantes

Tous les thèmes peuvent ainsi être traités à l'avance, aussi bien la peur du dentiste que le sentiment de ne pas être à la hauteur.

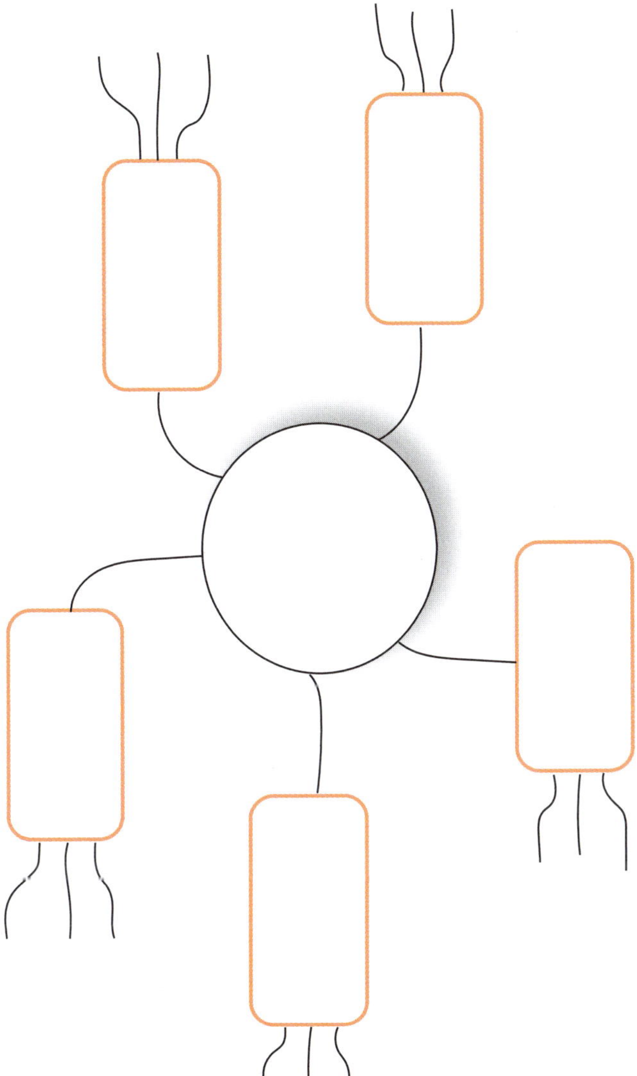

Méditation du vent

Je vous propose une dernière méditation pour développer avec votre enfant la confiance en soi et le retour de l'harmonie. Idéale pour retrouver un équilibre nerveux et de la force intérieure.

5-10 MIN à partir de 5 ans

Il est important de comprendre que nous avons tous en nous assez de force pour nous redonner confiance.

Il vous faut : une tenue souple et un peu de place !

Restez à côté de votre enfant, notamment pour veiller au bon déroulement de l'activité.

1. Lisez le texte en vous investissant profondément, prenez le temps :

Ferme simplement tes petits yeux… Ressens bien tes appuis sur le sol… Fais le mouvement très léger de basculement de droite à gauche pour bien étaler le plat de tes deux pieds… Inspire l'air par le nez, puis arrête-toi en apnée, et fléchis très légèrement tes deux jambes en soufflant, tout en remontant tes bras tendus devant toi… Tu ne bouges plus… Tu dois te sentir inébranlable… Reste quelques instants ainsi les poumons vides d'air… Refais cela encore 2 fois…

2. Maintenant pose ton attention quelques instants sur ta respiration… son rythme… et fais simplement attention à tout ce qui se passe dans ta tête… Dès que tu pars en rêverie, que des pensées t'amènent à autre chose que ce que tu vis dans l'instant présent, tu balances légèrement ton corps, tu t'arrêtes et reprends bien appui sur tes deux pieds… Tu restes sur ta respiration, à observer l'inspiration, puis l'expiration… tout simplement… Tu apprends ainsi à faire le vide, à laisser filer les pensées… à ne pas les retenir… à te sentir bien dans ton corps, debout, à respirer calmement, et à ne faire que cela…

3. Tu repars en respiration complète : inspire l'air par le nez, puis arrête-toi en apnée, et fléchis très légèrement tes deux jambes pour souffler tout en remontant tes bras tendus devant toi… Tu ne bouges plus… tu dois te sentir inébranlable… Reste quelques instants ainsi les poumons vides d'air… Refais cela encore 2 fois…

4. C'est mon tour…

Variantes

Vous pouvez aussi écarter les bras à hauteur d'épaules sur les côtés du corps à l'inspiration et les ramener le long du corps en soufflant.

Pour vous détendre encore plus, achevez le mouvement en pliant carrément les genoux sans toucher le sol.

Notez ici vos impressions :

Adoucir l'ambiance

Dans le calme de la maison, nous pouvons aussi nous consacrer à une courte séance de massage : les bienfaits de ces contacts sont nombreux !

10 MIN à partir de 5 ans

Il vous faut : un peu d'huile de sésame ou jojoba, ou du beurre de karité, une serviette

Remarquez bien comme le geste peut exprimer beaucoup de douceur, sans passer par le verbal...

Chacun s'assied face à l'autre, il faut que chacun puisse poser le pied sur le genou de l'autre sans difficultés (sinon l'un sera massé, puis l'autre).

1. Le but est de se détendre rapidement, en utilisant le contact plutôt que la parole. Pour cela, chacun va poser un peu d'huile entre ses deux paumes de main et les frotter l'une contre l'autre.

2. D'abord, il faut prendre le pied entre ses deux mains et masser du début du tibia vers le début des doigts de pied, à l'aide de ses deux pouces. Plusieurs allers-retours sont nécessaires.

3. Ensuite, chacun fait pareil en partant du dessous des talons, en progressant sur toute la voûte plantaire en direction des doigts de pied, en appuyant et relâchant les deux pouces, et en revenant.

4. Le massage se termine en faisant tourner chaque doigt de pied sur lui-même doucement dans un sens puis dans l'autre, et en l'étirant doucement. Puis on passe à l'autre pied. Chacun s'essuie les mains et les pieds pour terminer.

Variantes

Passez du temps sur chaque talon en appuyant et relâchant avec le pouce.

Chacun passe ensuite au massage de l'intérieur de chaque paume de l'autre.

Vos propres expériences

La vie de famille nous pousse chaque jour à imaginer de nouvelles voies de communication et d'apaisement. Notez ici vos belles trouvailles pour pouvoir les renouveler et les partager.

Retrouvez Gilles Diederichs sur son site lescouleursmusicales.com

Remerciements de l'auteur

Merci à Dzongsar Khyentse Rinpoché, enseignant d'une sagesse pleine d'humour et de vérité simple.

Dans la même collection

ISBN : 978-2-412-03697-6
Dépôt légal : août 2018

Imprimé en Espagne

Édition : Émeline Guibert
Relecture : Anne-Lise Martin
Couverture et mise en page : Istria
Illustrations : © Nathalie Jomard

Éditions First, un département d'Édi8
12, avenue d'Italie
75013 PARIS – France
Tél. : 01 44 16 09 00
Fax : 01 44 16 09 01
E-mail : firstinfo@efirst.com
Site internet : www.editionsfirst.fr